学校 - școală 2
旅行 - călătorie 5
交通运输 - transport 8
城市 - oraș 10
地形 - peisaj 14
餐馆 - restaurant 17
超市 - supermarket 20
饮料 - băuturi 22
食物 - mâncare 23
农场 - gospodărie țărănească 27
房子 - casă 31
客厅 - cameră de zi 33
厨房 - bucătărie 35
浴室 - baie 38
儿童房 - camera copiilor 42
衣服 - îmbrăcăminte 44
办公室 - birou 49
经济 - economie 51
职业 - ocupații 53
工具 - instrumente 56
乐器 - instrumente muzicale 57
动物园 - grădină zoologică 59
体育 - sport 62
活动 - activități 63
家 - familie 67
身体 - corp 68
医院 - spital 72
紧急情况 - urgență 76
地球 - pământ 77
钟表 - ceas 79
周 - săptămână 80
年 - an 81
形状 - forme 83
颜色 - culori 84
反义词 - antonime 85
数字 - cifre 88
语言 - limbi 90
谁/什么/怎样 - cine/ce/cum 91
方位 - unde 92

Impressum
Verlag: BABADADA GmbH, Nedderfeld 112 , 22529 Hamburg
Geschäftsführer / Verlagsleitung: Harald Hof
Druck: Books on Demand GmbH, In de Tarpen 42, 22848 Norderstedt

Imprint
Publisher: BABADADA GmbH, Nedderfeld 112 , 22529 Hamburg, Germany
Managing Director / Publishing direction: Harald Hof
Print: Books on Demand GmbH, In de Tarpen 42, 22848 Norderstedt, Germany

教室
sală de clasă

除
a împărți

186/2

黑板
tablă

校园
curte a școlii

老师
profesor

纸
hârtie

书写
a scrie

钢笔
instrument de scri[s]

办公桌
masă de birou

直尺
riglă

书
carte

学生
elev

书包

ghiozdan

铅笔盒

penar

铅笔

creion

卷笔刀

ascuțitoare

橡皮擦

radieră

画板

bloc de desen

图画
desen

画笔
pensulă

颜料盒
cutie de acuarele

剪刀
foarfece

胶水
lipici

练习册
caiet de exerciții

家庭作业
temă

12

数字
număr

2+2

加
a aduna

5-2

减
a scădea

2×2

乘
a multiplica

计算
a calcula

A

字母
literă

ABCDEFG
HIJKLMN
OPQRSTU
VWXYZ

字母表
alfabet

hello

字
cuvânt

课文

text

读

a citi

粉笔

cretă

上课

oră

登记

catalog

考试

examen

证书

certificat

校服

uniformă școlară

教育

educație

百科全书

enciclopedie

大学

universitate

显微镜

microscop

地图

hartă

废纸筐

coș de gunoi

学校 - școală

青年旅社
hostel

酒店
hotel

外币兑换处
casă de schimb valutar

手提箱
valiză

汽车
autovehicul

语言
limbă

是/否
da/nu

好的
okay

您好
Bună!

翻译员
interpret

谢谢
mulțumesc

……多少钱？

Cât costă...?

我不明白

Nu înțeleg

问题

problemă

晚上好！

Bună seara!

早上好！

Bună dimineața!

晚安！

Noapte bună!

再见

la revedere

方向

direcție

行李

bagaj

包

geantă

双肩包

rucsac

客人

oaspete

房间

cameră

睡袋

sac de dormit

帐篷

cort

旅游信息

punct de informare turistică

海滩

plajă

信用卡

carte de credit

早餐

mic dejun

午餐

masa de prânz

晚餐

cină

票

bilet de călătorie

电梯

lift

邮票

timbru poștal

边界

graniță

海关

vamă

大使馆

ambasadă

签证

viză

护照

pașaport

飞机
avion

船
vas

消防车
mașină de pompieri

公交车
autobuz

卡车
camion

汽艇
șalupă

自行车
bicicletă

汽车
autovehicul

摆渡船

feribot

小船

barcă

摩托车

motocicletă

警车

mașină de poliție

赛车

mașină de curse

租车

mașină închiriată

拼车
car sharing

拖车
mașină de tractat

垃圾车
mașină de gunoi

发动机
motor

汽油
combustibil

加油站
benzinărie

交通标志
semn de circulație

交通
trafic

交通堵塞
ambuteiaj

停车场
parcare

火车站
gară

轨道
șine

火车
tren

电车
tramvai

货车
vagon

直升机

elicopter

机场

aeroport

塔

turn

乘客

pasager

集装箱

container

纸板箱

carton

手推车

căruţă

篮子

coș

起飞/降落

a decola/a ateriza

城市

oraș

村庄

sat

市中心

centru

房子

casă

电影院
cinematograf

广告
publicitate

路灯
felinar

街道
stradă

出租车
taxi

小吃店
chioșc

行人
pieton

人行道
trotuar

十字路口
intersecție

斑马线
zebră

垃圾箱
pubelă

红绿灯
semafor

小屋
cabană

公寓
apartament

火车站
gară

市政厅
primărie

博物馆
muzeu

学校
școală

大学

universitate

银行

bancă

医院

spital

酒店

hotel

药房

farmacie

办公室

birou

书店

librărie

商店

magazin

花店

florărie

超市

supermarket

市场

piață

百货商店

magazin universal

鱼店

comerciant de pește

购物中心

centru comercial

海港

port

公园

parc

长凳

bancă

桥

pod

楼梯

trepte

地铁

metrou

隧道

tunel

公交车站

stație de autobuz

酒吧

bar

餐馆

restaurant

邮筒

cutie poștală

路标

tăbliță indicatoare cu
numele străzii

停车计时器

parcometru

动物园

grădină zoologică

游泳馆

piscină

清真寺

moschee

农场

gospodărie ţărănească

污染

poluare

墓地

cimitir

教堂

biserică

操场

loc de joacă

寺庙

templu

地形
peisaj

树叶
frunză

指示牌
indicator

路
drum

草地
pajişte

石头
piatră

树
copac

徒步旅行
者
drumeţ

河
râu

草
iarbă

花
floare

峡谷
vale

山
deal

湖
lac

森林
pădure

沙漠
deșert

火山
vulcan

城堡
castel

彩虹
curcubeu

蘑菇
ciupercă

棕榈树
palmier

蚊子
țânțar

苍蝇
muscă

蚂蚁
furnică

蜜蜂
albină

蜘蛛
păianjen

甲虫
gândac

青蛙
broască

松鼠
veveriță

刺猬
arici

野兔
iepure

猫头鹰
bufniță

鸟
pasăre

天鹅
lebădă

野猪
porc mistreț

鹿
cerb

麋鹿
elan

水坝
dig

风力发电机
turbină eoliană

太阳能电池板
panou solar

气候
climă

服务员
chelnăr

菜单
meniu

椅子
scaun

汤
supă

披萨饼
pizza

餐具
tacâmuri

桌布
faţă de masă

前菜

antreu

主菜

fel principal

甜点

desert

饮料

băuturi

食物

mâncare

瓶子

sticlă

快餐

fastfood

街边小吃

streetfood

茶壶

ceainic

糖盒

zaharniță

一份饭菜

porție

意式咖啡机

espressor

高脚椅

scaun înalt (pentru copii)

账单

factură

托盘

tavă

刀

cuțit

餐叉

furculiță

勺子

lingură

茶匙

linguriță

餐巾

șervețel

玻璃杯

pahar

碟子
farfurie

汤盘
farfurie de supă

碟子
farfurie

酱
sos

盐瓶
solniță

胡椒磨
râșniță de piper

醋
oțet

食用油
ulei

调味料
condimente

番茄酱
ketchup

芥末
muștar

蛋黄酱
maioneză

超市
supermarket

特价
ofertă

顾客
client

乳制品
produse lactate

水果
fructe

购物车
cărucior de cumpărături

肉铺

măcelărie

面包房

brutărie

称重

a cântări

蔬菜

legume

肉

carne

冷冻食品

alimente refrigerate

冷盘

mezeluri și brânzeturi feliate

罐头食品

conserve

洗衣粉

detergent

甜食

dulciuri

日用品

articole de menaj

清洁用品

produse de curățenie

销售员

vânzătoare

收银机

casă

收银员

casier

购物清单

listă de cumpărături

开放时间

orar

钱包

portmoneu

信用卡

carte de credit

袋子

geantă

塑料袋

pungă de plastic

水

apă

果汁

suc

牛奶

lapte

可乐

cola

红酒

vin

啤酒

bere

酒

alcool

可可

cacao

茶

ceai

咖啡

cafea

意式浓缩咖啡

espresso

卡布奇诺

cappucino

香蕉

banane

苹果

măr

橙子

portocală

西瓜

pepene

柠檬

lămâie

胡萝卜

morcov

大蒜

usturoi

竹子

bambus

洋葱

ceapă

蘑菇

ciupercă

坚果

nuci

面条

paste făinoase

意大利面条

spagheti

米饭

orez

沙拉

salată

薯条

cartofi prăjiți

炸土豆

cartofi țărănești

披萨饼

pizza

汉堡包

hamburger

三明治

sandwich

炸猪排

șnițel

火腿

șuncă

萨拉米

salam

香肠

cârnați

鸡肉

pui

烤肉

friptură

鱼

pește

燕麦片

fulgi de ovăz

穆兹利

musli

玉米片

cereale

面粉

făină

羊角面包

corn

面包卷

chifle

面包

pâine

烤面包

pâine prăjită

饼干

biscuiți

黄油

unt

凝乳

brânză de vaci

蛋糕

prăjitură

蛋

ou

煎蛋

ouă ochiuri

奶酪

brânză

冰激凌

îngheţată

糖

zahăr

蜂蜜

miere

果酱

marmeladă

巧克力酱

cremă nuga

咖喱饭

curry

农舍
casă țărănească

粮仓
șură

稻草捆
balot de paie

田野
câmp

马
cal

拖车
remorcă

拖拉机
tractor

驴
măgar

马驹
mânz

羊
oaie

羔羊
miel

山羊

capră

奶牛

vacă

牛犊

vițel

猪

porc

小猪

purcel

公牛

taur

鹅

găină

鸭

rață

小鸡

pui

母鸡

găină

公鸡

cocoș

鼠

șobolan

猫

pisică

老鼠

șoarece

牛

bou

狗

câine

狗屋

cușcă

花园浇水软管

furtun de grădină

洒水壶

stropitoare

长柄大镰刀

coasă

犁

plug

镰刀

secerǎ

锄头

sapǎ

长柄草耙

furcǎ

斧头

secure

独轮手推车

roabǎ

饲料槽

troacǎ

牛奶罐

canǎ pentru lapte

麻布袋

sac

栅栏

gard

马厩

grajd

温室

serǎ

土壤

sol

种子

sǎmânţǎ

肥料

fertilizator

联合收割机

combinǎ de treierat

收割

a culege

收割

recoltă

山药

cartof yam

小麦

grâu

大豆

soia

土豆

cartof

玉米

porumb

油菜籽

rapiță

果树

pom fructifer

树薯

manioc

谷物

cereale

烟囱
horn

屋顶
acoperiș

落水管
scoc

窗户
geam

车库
garaj

门铃
sonerie

门
ușă

垃圾桶
coș de gunoi

信箱
cutie poștală

花园
grădină

客厅
cameră de zi

浴室
baie

厨房
bucătărie

卧室
dormitor

儿童房
camera copiilor

餐厅
sufragerie

地板

podea

墙壁

perete

吊顶

tavan

地窖

pivniță

桑拿

saună

阳台

balcon

露台

terasă

游泳池

piscină

割草机

mașină de tuns iarba

被单

cearșaf

床罩

cuvertură

床

pat

扫帚

mătură

水桶

găleată

开关

întrerupător

壁纸
tapet

照片
pictură

台灯
lampă

搁架
raft

橱柜
dulap

壁炉
șemineu

电视机
televizor

花
floare

垫子
pernă

沙发
sofa

花瓶
vază

遥控器
telecomandă

地毯

covor

窗帘

perdea

餐桌

masă

椅子

scaun

摇椅

balansoar

扶手椅

fotoliu

书

carte

毯子

pătură

装饰品

decoraţiune

木柴

lemn de foc

电影

film

高保真音响

instalaţie stereo

钥匙

cheie

报纸

ziar

油画

desen

海报

poster

收音机

radio

笔记本

caiet de notiţe

吸尘器

aspirator

仙人掌

cactus

蜡烛

lumânare

冰箱
frigider

微波炉
cuptor cu microunde

厨房秤
cântar de bucătărie

烤面包机
prăjitor de pâine

洗洁精
detergent

冰柜
răcitor

烤箱
cuptor

垃圾桶
coș de gunoi

洗碗机
mașină de spălat vase

炊具

cuptor

锅

oală

铸铁锅

oală de metal

炒锅

wok/kadai

平底锅

tigaie

水壶

ceainic

蒸锅

oală de gătit cu aburi

烤盘

tavă de copt

陶瓷锅

veselă

马克杯

pahar

碗

bol

筷子

bețișoare

长柄勺

polonic

铲子

spatulă

搅拌器

tel

滤网

sită

筛子

sită

磨碎机

răzătoare

研钵

mojar

烧烤

grătar

明火

loc pentru grătar

菜板

tocător

擀面杖

sucitor

开瓶器

tirbușon

罐子

conservă

开罐器

deschizător de conserve

隔热手套

șervete termice

水槽

chiuvetă

刷子

perie

海绵

burete

搅拌机

mixer

冷藏箱

ladă frigorifică

奶瓶

biberon

水龙头

robinet

供暖设备
încălzire

毛巾
prosop

淋浴
duș

浴帘
perdea de duș

泡沫浴
baie cu spumă

浴缸
cadă

玻璃杯
pahar

洗衣机
mașină de spălat

瓷砖
gresie

水龙头
robinet

便壶
oală de noapte

水槽
chiuvetă

厕所

toaletă

蹲便器

toaletă turcească

坐浴器

bideu

小便池

pisoir

厕纸

hârtie igienică

马桶刷

perie de toaletă

牙刷
periuță de dinți

牙膏
pastă de dinți

牙线
ață dentară

洗
a spăla

手持式喷淋头
cap de duș

冲洗器
duș intim

洗脸盆
lavoar

擦背刷
perie pentru spate

肥皂
săpun

沐浴露
gel de duș

洗发水
șampon

法兰绒
cârpă de spălat

排水
scurgere

乳霜
cremă

除臭剂
deodorant

浴室 - baie

镜子

oglindă

手镜

oglindă cosmetică

剃须刀

aparat de ras

剃须泡沫

spumă de ras

须后水

aftershave

梳子

pieptene

刷子

perie

吹风机

uscător de păr

喷发定型剂

fixator

化妆品

machiaj

唇膏

ruj

指甲油

lac de unghii

化妆棉

vată

指甲剪

foarfece de unghii

香水

parfum

洗漱包

neseser

凳子

taburet

计重秤

cântar

浴袍

halat de baie

橡胶手套

mănuși de cauciuc

卫生棉条

tampon

卫生巾

tampon

化学厕所

toaletă chimică

闹钟
ceas deșteptător

毛绒玩具
jucărie de pluș

玩具车
mașină de jucărie

拨浪鼓
morișcă

玩具屋
casă de păpuși

礼物
cadou

气球
balon

床
pat

（洋娃娃用）婴儿车
cărucior de copii

扑克牌
joc de cărți

拼图
puzzle

漫画
revistă de benzi desenate

乐高积木
cuburi lego

积木玩具
piese pentru construcții

玩具人
personaj din filmele de acțiune

婴儿服
body

飞盘
frisbee

床铃玩具
mobil

棋盘游戏
joc de societate

骰子
zar

火车模型
set trenuleț de jucărie

安抚奶嘴
suzetă

聚会
petrecere

绘本
carte cu poze

球
minge

洋娃娃
păpușă

玩
a se juca

儿童房 - camera copiilor

沙坑

groapă de nisip

秋千

leagăn

玩具

jucării

游戏机

consolă video

三轮车

tricicletă

泰迪熊

ursuleț

衣柜

dulap

衣服

îmbrăcăminte

袜子

șosete

长袜

ciorapi

紧身裤

dres

围巾
șal

雨伞
umbrelă

T恤
tricou

皮带
curea

靴子
cizme

拖鞋
papuci

运动鞋
pantofi sport

凉鞋
sandale

鞋
încălțăminte

雨靴
cizme de cauciuc

内裤
chilot

胸罩
sutien

背心
maiou

身体

body

裤子

pantaloni

牛仔裤

blugi

短裙

fustă

女式衬衫

bluză

衬衫

cămașă

套头衫

pulover

卫衣

jerseu

西装夹克

sacou

夹克

jachetă

外套

palton

雨衣

pelerină de ploaie

套装

costum

连衣裙

rochie

婚纱

rochie de mireasă

西装

costum

睡袍

cămașă de noapte

睡衣

pijama

莎丽

sari

头巾

batic

包头巾

turban

波卡

burka

卡夫坦

caftan

(阿拉伯式)长袍长袍

abaya

泳衣

costum de baie

男式泳裤

șort

短裤

pantaloni scurți

运动服

trening

围裙

șorț

手套

mănuși

纽扣

nasture

眼镜

ochelari

手链

brățară

项链

lanț

戒指

inel

耳环

cercel

便帽

căciulă

衣架

umeraș

帽子

pălărie

领带

cravată

拉链

fermoar

头盔

cască

背带

bretele

校服

uniformă școlară

制服

uniformă

围兜
bavețică

安抚奶嘴
suzetă

尿不湿
scutec

服务器
server

文件柜
dulap de acte

打印机
imprimantă

纸
hârtie

显示屏
monitor

鼠标
mouse

办公桌
masă de birou

文件夹
fișier

键盘
tastatură

椅子
scaun

废纸筐
coș de gunoi

电脑
computer

咖啡杯
ceașcă de cafea

计算器
calculator

因特网
internet

笔记本电脑
laptop

信件
scrisoare

消息
mesaj

手机
telefon mobil

网络
rețea

复印机
copiator

软件
software

电话
telefon

插座
priză

传真机
fax

表格
formular

文件
document

买

a cumpăra

付钱

a plăti

交易

a face comerț

现金

bani

美元

Dolar

欧元

Euro

日元

Yen

卢布

Rublă

瑞士法郎

Franc Elvețian

人民币

renminbi yuan

卢比

Rupie

提款处

bancomat

外币兑换处

casă de schimb valutar

金

aur

银

argint

石油

petrol

能源

energie

价格

preț

合同

contract

税金

impozit

股票

acțiune

工作

a munci

职员

angajat

老板

angajator

工厂

fabrică

商店

magazin

警官
polițist

消防员
pompier

厨师
bucătar

医生
medic

飞行员
pilot

园丁

grădinar

木匠

tâmplar

裁缝

cusătoreasă

法官

judecător

化学家

chimist

演员

actor

公交车司机

șofer de autobuz

出租车司机

șofer de taxi

渔夫

pescar

清洁女工

femeie de serviciu

屋顶工

tinichigiu

服务员

chelnăr

猎人

vânător

画家

pictor

面包师

brutar

电工

electrician

建筑工人

muncitor în construcții

工程师

inginer

屠夫

măcelar

水管工

instalator

邮递员

poștaș

士兵

soldat

建筑师

arhitect

收银员

casier

花农

florar

理发师

frizer

售票员

controlor

机械师

mecanic

船长

căpitan

牙医

stomatolog

科学家

om de știință

拉比

rabin

伊玛目

imam

和尚

călugăr

牧师

preot

铁锤
ciocan

钳子
clește

螺丝刀
șurubelniță

扳手
cheie

手电筒
lanternă

挖掘机

excavator

工具箱

cutie de scule

梯子

scară

锯子

ferăstrău

钉子

cuie

钻机

burghiu

修
a repara

铲子
lopată

靠！
La naiba!

簸箕
făraș

油漆桶
vas pentru vopsea

螺丝
șuruburi

乐器

instrumente muzicale

打击乐器
set tobe

扬声器
difuzor

低音提琴
contrabas

小号
trompetă

吉他
chitară

钢琴

pian

小提琴

vioară

贝斯

bas

定音鼓

trombon

鼓

tobă

电子琴

keyboard

萨克斯管

saxofon

长笛

fluier

麦克风

microfon

老虎
tigru

入口
intrare

笼子
cușcă

斑马
zebră

动物饲料
mâncare pentru animale

熊猫
panda

动物

animale

大象

elefant

袋鼠

cangur

犀牛

rinocer

大猩猩

gorilă

熊

urs

骆驼

cămilă

鸵鸟

struț

狮子

leu

猴子

maimuță

火烈鸟

flamingo

鹦鹉

papagal

北极熊

urs polar

企鹅

pinguin

鲨鱼

rechin

孔雀

păun

蛇

șarpe

鳄鱼

crocodil

动物园管理员

îngrijitor grădina zoologică

海豹

focă

美洲豹

jaguar

矮种马

ponei

豹

leopard

河马

hipopotam

长颈鹿

girafă

老鹰

acvilă

野猪

porc mistreț

鱼

pește

龟

broască țestoasă

海象

morsă

狐狸

vulpe

羚羊

gazelă

橄榄球
fotbal american

骑自行车
ciclism

网球
tenis

篮球
basketball

游泳
înot

拳击
box

冰球
hockey pe gheață

英式足球
fotbal

羽毛球
badminton

田径
atletism

手球
handbal

滑雪
schi

马球
polo

笑
a râde

跳
a sări

拥抱
a îmbrățișa

唱
a cânta

走路
a merge

做梦
a visa

祈祷
a se ruga

亲吻
a săruta

书写

a scrie

画

a desena

展示

a arăta

推

a împinge

给

a da

拿

a lua

有
a avea

做
a face

当
a fi

站
a sta în picioare

跑
a fugi

拉
a trage

扔
a arunca

摔倒
a cădea

躺
a sta întins

等待
a aștepta

携带
a purta

坐
a ședea

穿衣
a se îmbrăca

睡觉
a dormi

醒来
a se trezi

看
a privi

哭
a plânge

抚摸
a mângâia

梳头
a se pieptăna

交谈
a vorbi

明白
a înțelege

问
a întreba

听
a asculta

喝
a bea

吃
a mânca

清理
a face ordine

爱
a iubi

做饭
a găti

开车
a conduce

飞
a zbura

航行

a naviga

计算

a calcula

读

a citi

学习

a învăţa

工作

a munci

结婚

a se căsători

缝

a coase

刷牙

a se spăla pe dinţi

杀

a ucide

抽烟

a fuma

寄

a trimite

祖母
bunică

祖父
bunic

父亲
tată

母亲
mamă

婴童
bebeluș

女儿
soră

儿子
fiu

客人

oaspete

阿姨

mătușă

叔叔

unchi

兄弟

frate

姐妹

soră

前额
frunte

眼睛
ochi

肩膀
umăr

手指
deget

脸
față

下巴
bărbie

手
mână

乳房
piept

腿
picior

手臂
braț

婴童
bebeluș

男人
bărbat

女人
femeie

女孩
fată

男孩
băiat

头
cap

背部

spate

肚子

abdomen

肚脐

ombilic

脚趾

deget de la picior

脚后跟

călcâi

骨头

os

臀部

șold

膝盖

genunchi

手肘

cot

鼻子

nas

屁股

fund

皮肤

piele

脸颊

obraz

耳朵

ureche

嘴唇

buză

嘴

gură

牙齿

dinte

舌头

limbă

脑

creier

心脏

inimă

肌肉

mușchi

肺

plămân

肝脏

ficat

胃

stomac

肾脏

rinichi

性交

sex

避孕套

prezervativ

卵子

ovul

精子

spermă

怀孕

sarcină

月经

menstruație

阴道

vagin

阴茎

penis

眉毛

sprânceană

头发

păr

脖子

gât

医院
spital

救护车
ambulanță

轮椅
scaun cu rotile

骨折
fractură

医生

medic

急诊室

unitate de primiri urgențe

护士

soră medicală

紧急情况

urgență

昏迷

inconștient

痛

durere

受伤

leziune

出血

sângerare

心脏病发作

infarct miocardic

中风

atac cerebral

过敏

alergie

咳嗽

tuse

发烧

febră

流感

gripă

腹泻

diaree

头痛

durere de cap

癌症

cancer

糖尿病

diabet

外科医生

chirurg

手术刀

scalpel

手术

operație

CT

CT

X光

raze Röntgen

超声波

ultrasunet

口罩

mască

疾病

boală

候诊室

sală de așteptare

拐杖

cârjă

石膏

plasture

绷带

bandaj

注射

injecție

听诊器

stetoscop

担架

targă

体温计

termometru

出生

naștere

超重

supraponderabilitate

助听器

aparat auditiv

消毒液

dezinfectant

感染

infecție

病毒

virus

艾滋病

HIV/SIDA

药物

medicină

接种疫苗

vaccin

药片

tablete

药丸

pastilă

急救电话

apel de urgență

血压计

aparat de măsurare a
presiunii arteriale

生病/健康

bolnav/sănătos

救命！

Ajutor!

警报

alarmă

突击

agresiune

攻击

atac

危险

pericol

紧急出口

ieşire de urgenţă

着火啦！

Foc!

灭火器

extinctor

意外

accident

急救箱

trusă de prim-ajutor

呼救信号

SOS

警察

poliţie

欧洲

Europa

北美洲

America de Nord

南美洲

America de Sud

非洲

Africa

亚洲

Asia

澳洲

Australia

大西洋

Altantic

太平洋

Pacific

印度洋

Oceanul Indian

南冰洋

Oceanul Antarctic

北冰洋

Oceanul Arctic

北极

Polul Nord

南极

Polul Sud

南极洲

Antarctica

地球

pământ

陆地

ţară

海

mare

岛

insulă

国家

naţiune

国家

stat

钟面

cadran

时针

orar

分针

minutar

秒针

secundar

现在几点？

Cât e ceasul?

天

zi

时间

timp

现在

acum

电子表

cead digital

分

minut

时

oră

周

săptămână

周一
luni

周三
miercuri

周五
vineri

周二
marți

周四
joi

周六
sâmbătă

周日
duminică

昨天

ieri

今天

azi

明天

mâine

早晨

dimineață

中午

amiază

晚上

seară

工作日

zile lucrătoare

周末

week-end

雨
ploaie

彩虹
curcubeu

风
vânt

雪
zăpadă

春
primăvară

秋
toamnă

夏
vară

冬
iarnă

天气预报

prognoză meteo

温度计

termometru

阳光

lumina soarelui

云

nor

雾

ceață

潮湿

umiditate a aerului

闪电

fulger

打雷

tunet

风暴

furtună

冰雹

grindină

季风

muson

洪水

inundaţie

冰

gheaţă

一月

ianuarie

二月

februarie

三月

martie

四月

aprilie

五月

mai

六月

iunie

七月

iulie

八月

august

九月

septembrie

十月

octombrie

十一月

noiembrie

十二月

decembrie

形状
forme

圆形

cerc

正方形

pătrat

长方形

dreptunghi

三角形

triunghi

球体

sferă

立方体

cub

白

alb

黄

galben

橙

portocaliu

粉

roz

红

roșu

紫

violet

蓝

albastru

绿

verde

棕

maro

灰

gri

黑

negru

很多/少许

mult/puțin

生气/平静

furios/calm

美/丑

frumos/urât

首/尾

început/sfârșit

大/小

mare/mic

明/暗

luminos/întunecat

兄弟/姐妹

frate/soră

干净/肮脏

curat/murdar

完整/缺失

complet/incomplet

白天/晚上

zi/noapte

死/生

mort/viu

宽/窄

lat/strâmt

可食用/非食用

comestibil/necomestibil

邪恶/善良

rău/prietenos

兴奋/无聊

emoționat/plictisit

胖/瘦

gras/slab

第一/最后

primul/ultimul

朋友/敌人

prieten/inamic

满/空

plin/gol

硬/软

tare/moale

重/轻

greu/ușor

饿/渴

foame/sete

生病/健康

bolnav/sănătos

非法/合法

ilegal/legal

聪明/愚笨

inteligent/stupid

左/右

stânga/dreapta

近/远

aproape/departe

新/旧

nou/uzat

没有/有些

nimic/ceva

老/幼

bătrân/tânăr

开/关

pornit/oprit

打开/合上

deschis/închis

安静/吵闹

încet/tare

富/穷

bogat/sărac

对/错

corect/fals

粗糙/光滑

aspru/neted

伤心/高兴

trist/fericit

短/长

lung/scurt

慢/快

încet/repede

湿/干

ud/uscat

温暖/凉爽

cald/rece

战争/和平

război/pace

0	**1**	**2**
零	一	二
zero	unu	doi
3	**4**	**5**
三	四	五
trei	patru	cinci
6	**7**	**8**
六	七	八
șase	șapte	opt
9	**10**	**11**
九	十	十一
nouă	zece	unsprezece

12

十二

douăsprezece

13

十三

treisprezece

14

十四

paisprezece

15

十五

cincisprezece

16

十六

șaisprezece

17

十七

șaptesprezece

18

十八

optsprezece

19

十九

nouăsprezece

20

二十

douăzeci

100

百

o sută

1.000

千

o mie

1.000.000

百万

un milion

英语

engleză

美式英语

engleză americană

普通话

chineza mandarină

印地语

hindi

西班牙语

spaniolă

法语

franceză

阿拉伯语

arabă

俄语

rusă

葡萄牙语

protugheză

孟加拉语

bengaleză

德语

germană

日语

japoneză

我

eu

你

tu

他/她/它

el/ea

我们

noi

你们

voi

他们

ea

谁？

cine?

什么？

ce?

怎样？

cum?

哪里？

unde?

什么时候？

când?

名字

nume

后面

în spate

里面

în

前面

înainte

上方

peste

上面

pe

下面

sub

旁边

lângă

中间

între

地点

loc